Les élèves de 4eC du
Lycée d'Enseignement Agricole Privé de Nermont
à Châteaudun

Dans la cour des idées

Poésies

2015

© 2015 Lycée d'Enseignement Agricole Privé de
Nermont/détenteurs des droits
Éditeur : BoD-Books on Demand, 12/14 rond point des Champs
Élysées, 75008 Paris, France
Impression : BoD - Books on Demand GmbH, Norderstedt, Allemagne
ISBN : 9782322014224
Dépôt légal : février 2015

Préface

Le lycée d'enseignement agricole de Nermont accueille des élèves de la 4ème de l'enseignement agricole au BTSA dans le domaine de l'agriculture, l'aménagement, les services à la personne et le monde du cheval. La pédagogie repose sur de nombreux supports adaptés pour faciliter la réussite de nos jeunes avec de nombreux ateliers et plateaux techniques. Nos enseignants sont toujours à la recherche de nouveaux moyens pour valoriser nos élèves, s'adapter à eux pour apprendre autrement. L'innovation pédagogique est un objectif qui aujourd'hui est dans toutes les prescriptions de nos inspecteurs. Lisez ces poèmes de la classe de 4ème C, dont le professeur d'éducation socioculturelle, M. Jean-Philippe Noblet a su utiliser la poésie comme moyen pédagogique pour leur faire découvrir la beauté des mots, et des tournures de phrases et la magie de notre langue. Bravo et Merci aux élèves et à Jean Philippe Noblet.

Xavier Marin,
Directeur du LEAP de Nermont

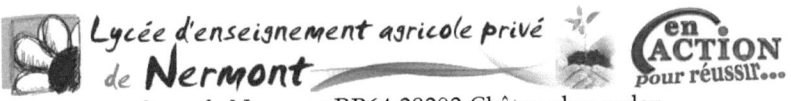

2 rue de Nermont BP64 28202 Châteaudun cedex
accueil@nermont.fr   02 37 44 60 60
www.nermont.fr

Une démarche pédagogique

Dans l'enseignement agricole, les élèves n'ont pas de cours d'arts plastiques ou de musique mais ils bénéficient d'un cours d'éducation socioculturelle. Les élèves doivent s'initier à différentes formes d'expression artistique et ils doivent réaliser, en groupe plusieurs projets artistiques.

Les 4e C du LEAP de Nermont à Châteaudun ont travaillé sur l'art du cinéma. Ils ont étudié le film « Entre les Murs » et ils ont réalisé un court métrage. Ils ont ensuite travaillé sur la caricature. Un montage vidéo sur *youtube* évoque d'ailleurs leur soutien à Charlie Hebdo. Après la poésie, ils vont travailler sur l'art de la Bande Dessinée avant d'aborder la peinture et la sculpture.

Dans la séquence sur la poésie, je les ai initiés à la poésie contemporaine avec des recueils illustrés d'auteurs actuels. Ils les ont écoutés et ils ont choisi des poèmes qu'ils appréciaient. Ils ont ensuite participé à plusieurs ateliers d'écriture en individuel et en collectif ; dans la salle de classe, en salle informatique ou au CDI.

Je leur ai imposé le thème : « Dans la cour » afin qu'ils participent au Prix de Poésie Lucien Laborde organisé par l'association *la Compagnie Ibidem*, soutenu par le Conseil Général d'Eure-et-Loir (http://prix-lucien-laborde.kazeo.com). Je les ai encouragé à écrire des poèmes avec ou sans rîmes et parfois avec des associations de mots ou d'idées inappropriées pour qu'ils s'amusent avec les sens et les sons.

Après avoir écrit certains textes, il a fallu en réécrire certains, les travailler, les approfondir et corriger les fautes. Nous avons ensuite travaillé sur le livre, la police d'écriture, la présentation, le choix du titre, l'écriture de la 4e de couverture, le prix, la notice bibliographique, le dépôt légal etc.

Il est clair que la publication du livre a fortement motivé les élèves dans la réécriture des textes et dans l'exercice d'une plus grande rigueur. Par ailleurs, cet aboutissement valorise des élèves qui se sentent parfois éloigné de l'écrit, de l'écriture et de la lecture.

Jean-Philippe Noblet,
Professeur d'Education Socio-Culturelle

Extrait du *document d'accompagnement du référentiel de formation*, le Ministère de l'Agriculture de l'Agroalimentaire et de la Forêt.
« Passer de l'expression individuelle à la réalisation d'un projet collectif -classe entière ou groupes restreints – doit permettre la réalisation d'une production avec les exigences de qualités propre à tout domaine artistique.
Même si la réalisation est collective, chaque élève doit être impliqué dans le travail de conception et de réalisation.
Elle permet, en outre, la socialisation de chaque élève par son implication dans le travail du groupe et par la présentation finale à un public qui l'attend et l'appréciera. »

Poèmes écrits en classe entière

1

La cour est discrète
Elle est calme
Elle est souriante
Elle est petite et réservée
La cour est cachée de feuillages

2
Dans la cour de Louis XVI

Louis ne se défend pas
Il est amical
Il est radin avec sa cour
Curieux de ses passions
Calme avec sa dame
Souriant face aux passants
Sensible à sa serrure

Poèmes réalisés par groupe de deux
élèves sur le thème :
« Dans la cour d'école »

Dans la cour de l'école

Dans la cour les branches jouent au ballon avec les enfants
Les enfants balancent les nuages
Les feuilles caressent les vitres
Et les dortoirs s'endorment

Lors du réveil des arbres
Les enfants sont joyeux
Ils peuvent enfin jouer en paix
Avec les nuages par milliers
Qui soufflent et poussent les ballons
Qui bercent leurs journées

Yoan Blaszkowski
Julien Painchault

Dans la cour de l'école

Les ballons pleurent d'ennui
Lorsque le vent arrête de souffler
Et que les arbres s'endorment

Les lits se réchauffent des douces branches
Qui se frottent à eux juste un instant

Les feuilles se noient des flaques
Mais renaissent lorsque les enfants
Sautent dedans et noient leur pantalon

Les marelles et les bacs à sables
Ne s'ennuient jamais munis de toutes ses feuilles
Qui joue avec les sauterelles

Yoan Blaszkowski
Julien Painchault

Dans la cour de l'école

Les enfants s'envolent en faisant du trampoline
La cour danse avec les enfants
La bagarre s'arrête avec un rayon de soleil
Les bus s'en vont au vent
Les parcs veulent faire de la trottinette
Les arbres sautent et s'envolent
Les billes jouent aux cartes Pokémon

Valentin Maurice
Estéban Ledon

Dans la cour de l'école

Les balançoires se balancent dans l'élan du vent
Les feuilles tombent des bicyclettes
Pleines de couleurs amusantes
Des vélos qui attendent leurs passagers
Et des passagers attendent les fleurs

Les fleurs jouent dans l'herbe
Le vent souffle dans le ballon
Des pelles qui jouent dans le bac à sable
Le sable qui s'envole avec le vent
Des arbres jouent à la corde à sauter

Les feuilles étaient assises sur le banc
Il pleut sous le préau
La cour est pleine
Elle est pleine de bonheur et de sourires

Arthur Pigé
Clément Sevin

Dans la cour de l'école animale
Les chiens jouent les chats rigolent
Et d'autres se bagarrent et discutent
Avant de rentrer en cours
Le prof boit son bon nuage

Kevin Le Foll
Jordann Bodichon

Les arbres jouent avec les cailloux
Les fleurs jouent aux ballons
L'école sonne les cartes qui vole
Les filles qui jouent aux billes
Les enseignants qui guettent les bonbons
Les pleurs avec les fleurs

                                  Ronan Samyn
                                  Kellian Michel

Dans la cour de l'école,
A la rentrée les arbres démunis de leur feuillage
Se racontent leurs années passées
A écouter les ballons tapés sur les enfants

                                  Teddy Thomann
                                  Gabriel Emane

Dans la cour de l'école

Dans la cour il y a des rires,
des poisons d'avril,
des cris, des pleurs, des voleurs volants des cartes qui
s'envolent par le vent,

des chercheurs cherchant leur banc déjà pris pas des
arbres,

les filles de la cour,
les feuilles qui se balancent au travers de leurs branches,

des dortoirs cachés par des feuillages
portés par le vent,

portant les feuilles qui cachent le dortoir

Teddy Thomann
Gabriel Emane

Poèmes écrits en individuel

Les balançoires sont des balances
Les nuages jouent au foot
Les arbres se promènent avec les bicyclettes
Les feuilles jouent à la corde de tarzan
Les cailloux jouent dans le creux des billes

Les bus mangent des bonbons
Les bancs mangent des gens
Les bonbons sont des chardons
Les cartes Pokémon jouent avec les enfants
Les branches sont grandes

                                                  Romain Bizac

Dans la cour de l'école

La sonnerie retentit
Et les feuilles rient
Les arbres s'agitent
Et les feuilles dansent au vent
Comme une jolie musique

Lou Labé

Dans la cour de l'école
Les vélos sont bousculés par le vent
Les feuilles se balancent
Et les arbres les poussent
Les ballons volent et pensent
Dans les vitres qui dansent

La cantine et le dortoir
Et le maitre les surveille
Le regard content

Louis Brunet

Dans la cour du bonheur

Des rires,
Des pleurs,
Pourquoi est-il si compliqué ?

Il faut tellement d'ingrédients
On s'y perd parfois
On s'y retrouve aussi

Mais n'est-elle pas une mutinerie
Pour qu'en fait on se rende compte qu'il était là
A portée de main

Yoan Blaszkowski

Dans la Cour

Dans la cour
Les surveillants passent
Les arbres rigolent
Sur les bancs
Les élèves parlent

Dans la cour
Les feuillent tapent dans le ballon
Les branches se maquillent
Les fruits sont grands
Les sourires fleurissent

Romain Bizac

Dans la cour de la ferme
La vache rumine
Les tracteurs rugissent
La cour est boueuse
Comme le champ qui vient d'être labouré

Dans la cour
Le moulin tourne
Le vent siffle une douce mélodie
Pas un bruit sorti du buisson et résonne dans le vent
C'est un chasseur avec un drôle du fusil
Un fusil biscornu

Lou Labé

Dans la cour de la prison

Dans la cour il y a de la *muscule*
Des gardes
Des détenus
Les grilles sont tristes
Les barbelés regardent le ciel
Ils attendent
Ils ont peur
Et le lézard court et passe le temps

Esteban Ledon

Dans la cour de prison
Il y a des détenues
Des barreaux
Des chênes
Des cages
Où les détenues pleurent
Leur triste sort
Pendant que les gardiens rigolent
En regardent leurs pauvres sorts
Et en buvant une bonne goute de champagne

Jordann Bodichon

Dans la cour du calme

Il y a beaucoup de bruit
Beaucoup de calme
En fait il y a un peu des deux
Mais plus de bruit que de calme

J'aimerai qu'il y ait du silence
Mais le bruit domine

Kellian Michel

Dans la cour du lycée

Les profs moissonnent
Et mangent dans une écurie
Ils boivent une boisson en poisson
Ils font les cours dans un hangar
Et les tableaux sont des ardoises
Et les craies sont des pierres

                                                      Valentin Maurice

Dans la cour du château
Le matin sans bruit
La cour ébruite les cris des commerçants
Le bruit du peuple court dans les rues

Kévin Le Foll

Dans la cour de l'école

Dans la cour les enfants jouent avec le vent
Les rires les pleurs sont là à toutes les heures
J'ai vu dans cette cour des châteaux de sable détruits par la pluie
Et des élèves prenant leur goûter sur un banc

Félix Boulay

La cour

La cour est calme
Très silencieuse
La cour est si calme
Que je m'y sens bien
Mais la cour des grands
Est plus grande
Mais notre cour à nous
Est spéciale car elle est plus marrante
Car il y a de l'amour
De l'humour
Qui caresse mon corps
Comme une perle d'argent

Gabriel Emane

Dans la ferme la cour est bruyante
Le tracteur oublie le temps
Les fleurs sont brûlantes
Seule la vache s'enrhume
C'est une maison couverte en paille

                                      Arthur Pigé

Dans la cour de la ferme

Dans la cour il y a
Un tracteur plein de boue
Et des bottes en caoutchouc

Dans la boue il y a un grand portail
Dans les entrailles de la ferme
Quand il fait froid
Les tracteurs font la loi

Les tracteurs sont de mauvaise humeur
C'est comme si il n'y avait plus de démarreur
Mais quand il fait beau
Les tracteurs ont chaud
Alors …
Les tracteurs sortent de la vapeur
Et partent par tant de peur

Clément Sevin

Dans la cour du lycée

Pour s'innocenter ils mâchent
Ils se parfument
Derrière le *préfa* ils se cachent
Ils se cachent dans la brume

La cour reste calme et jolie
Les fumeurs sont calmés
Ils reviennent ravis
Tout ça pour de la fumée !

Julien Painchault

Dans la cour de la prison

Dans la prison
La camera brouille
Le grillage grince
Les feuilles qui volent
Les cailloux qui bougent
La salle de *muscule*
Les ordinateurs qui commencent à fléchir
Les gardes qui font des tours

Ronan Samyn

Dans la cour de l'école

Des odeurs infantiles,
Mille et un jeux,

Des souvenirs,
Des amies,
Tout ça dans une simple cour,

L'évidence de la naïveté,
Et des moments précieux.

Léa-Marie Da Silva

Dans la cour

Je vois une âme vagabonde,
Désespérée et joyeuse,
Elle nous offre tant de périples,
De jour comme de nuit,
Elle est comparable à un volcan,
Qui passe des rires aux cris,
Un bonheur et un malheur,
En même temps ; telle est la cour,
Et cette âme impertinente juste-là.

Léa-Marie Da Silva

Dans la cour

Il y a des bancs fascinants
Des grands bâtiments
Des cailloux partout
Des téléphones qui sonnent
En grand terrain de foot
Des mégots partout
Des arbres par dizaine
Et des élèves qui ont la haine

Thomann Teddy

Dans la cour du château

Le château observe
L'atelier vide
Le vent souffle
La forêt bouge
L'écureuil déprimé
Change de mètre carré

Dessaux Lukas

Dans la cour des chats

Les chats sont doux,
Sont bêtes, mais mignons comme tout
Ils aiment jouer avec des boules de laines,
Ils attaquent les souris,
Qui courent partout dans la cour

Les chats noirs,
Sont à ce qu'il parait maudit,
Mais pas du tout
Ils sont tout autant mignons.

Yoan Blaszkowski

Dans la cour

Dans la cour d'une ferme
Aux herbes hautes et serrées
La mare aux canards est silencieuse
Deux arbres bourgeonnent
Comme promis au printemps
Cacheront en été longue et disgracieuse
Dans la cour de cette ferme calme
Se trouve des souvenirs endormis

Sacha Sueur

La cour du silence

Elle a un arbre qui pousse petit à petit
Elle a les feuilles qui tombent
Elle a des cailloux qui se déplacent
Sous les chaussures des enfants

Elle a les murs qui l'entourent
Et qui commencent à se dégrader
Les bruits en silence qui courent
La neige qui tombe l'hiver
Le soleil l'été qui traverse la cour

Ronan Samyn

Dans la cour de l'école

Des gamins tombent, pleurent
D'autres rigolent, sourient, s'amusent
Des bagarres constantes

La cour de l'école est bruyante
Certains élèves s'embrassent
Et s'enlacent.

Julien Painchault

Dans la basse-cour des animaux

Le 14 juillet 1789,
Dans la basse-cour d'un château
C'est la révolution des animaux
Car ils sont traités comme des esclaves,
Le chien c'est le roi, il est riche
La poule est pauvre et meurt de faim
Le canard est révolutionnaire,
Il veut faire la guerre,

Le chien, ne veut pas faire la guerre
Parce qu'il est le roi,
La poule veut faire la guerre,
Car le canard est révolutionnaire,

C'est un vrai mousquetaire,
Ils se font la guerre,
Le chien meurt par le mousquetaire,
La poule devient guerrière,
Le canard devient légionnaire,
Ce n'était pas une mince affaire !

Marylène GOZE

Les auteurs de ce livre sont :

Kevin Le Foll, Gabriel Emane, Yoan Blaszkowski, Ronan Samyn, Lou Labé, Clément Sevin, Marylène Goze, Teddy Thomann, Lukas Dessaux, Julien Painchault, Kellian Michel, Sacha Sueur, Romain Bizac, Louis Brunet, Félix Boulay, Esteban Ledon, Valentin Maurice, Léa-Marie Da Silva, Jordann Bodichon, Arthur Pigé.

Ils ont été accompagnés par leur professeur Jean-Philippe Noblet.